HISTOIRE DU DROIT

RÉSUMÉE EN

TABLEAUX SYNOPTIQUES

PAR

A. WILHELM
RÉPÉTITEUR DE DROIT

MATIÈRES DE L'EXAMEN DE PREMIÈRE ANNÉE

PARIS
CHALLAMEL AINÉ, LIBRAIRE-ÉDITEUR
5, RUE JACOB, 5
Et chez tous les Libraires de Droit.
1884

HISTOIRE DU DROIT

RÉSUMÉE EN TABLEAUX SYNOPTIQUES

PAR A. WILHELM

HISTOIRE DU DROIT

RÉSUMÉE EN

TABLEAUX SYNOPTIQUES

PAR

A. WILHELM

RÉPÉTITEUR DE DROIT

MATIÈRES DE L'EXAMEN DE PREMIÈRE ANNÉE

PARIS

CHALLAMEL AINÉ, LIBRAIRE-ÉDITEUR

5, RUE JACOB, 5

Et chez tous les Libraires de Droit.

1884

AVERTISSEMENT

En livrant à la publicité ce résumé synoptique de l'histoire du droit, je ne saurais trop recommander, aux étudiants qui en feront usage, de rattacher les notions qui y sont contenues à celles qu'ils peuvent posséder sur l'histoire générale. Les dates, les noms, les faits, avec lesquels leurs études littéraires les ont familiarisés, serviront de cadre indispensable à la science sommaire que le nouveau programme exige d'eux sur ce point dès la première année.

Il ne pouvait entrer dans le cadre de cet opuscule de présenter un exposé complet de l'histoire du droit : Aussi, se borne-t-il, suivant la méthode que j'ai adoptée pour mes précédents tableaux, à offrir à l'œil et à l'esprit une classification étendue des matières, avec l'indication succincte des solutions, permettant au candidat de reconstituer par la pensée, sur ce canevas, les détails de l'enseignement de ses professeurs, et de repasser en quelques heures l'ensemble des matières de son examen.

A. WILHELM,

répétiteur de droit, 121, rue de Rennes.

HISTOIRE DU DROIT

Divisions générales.

- I. Droit barbare
  - droit gallo-romain
    - droit public.
    - condition des personnes.
    - régime des biens.
    - organisation judiciaire.
    - sources.
  - droit gallo-franc
    - droit public.
    - condition des personnes.
    - régime des biens.
    - organisation judiciaire.
    - sources.
  - capitulaires
    - matières administratives.
    - questions ecclésiastiques.
    - personnes et droit civil.

Droit canonique

- II. Droit féodal et coutumier
  - droit féodal
    - 1re période
      - obligations du vassal et du seigneur.
      - affranchissement des communes.
      - sources du droit féodal.
    - 2e période — modifications apportées à partir du XIVe siècle.
  - droit coutumier
    - 1re période
      - condition des personnes.
      - régime des biens.
    - 2e période
      - condition des personnes.
      - régime des biens.
      - rédaction des coutumes.
    - sources du droit coutumier.

Etats généraux et parlements.
Enseignement du droit.

- III. Droit monarchique
  - droit public.
  - droit privé.
  - principales ordonnances
    - du 16e siècle.
    - du 17e siècle.
    - du 18e siècle.

- IV. Droit intermédiaire
  - droit constitutionnel.
  - politique et administration.
  - matières religieuses.
  - droit privé.

- V. Droit nouveau
  - constitution de l'an VIII.
  - organisation.
  - élaboration des codes.

I. — Droit Barbare.

- **Droit gallo-romain**
  - commençant à l'origine de la conquête de la Gaule par César ;
  - finissant à l'invasion de la Gaule par les barbares (Clovis, 486).
  - droit public
    - Municipes
      - *Ordo* ou curie, sorte de Sénat, chargé de l'administration du municipe (1) ;
      - *Duumviri*, premiers des magistrats municipaux, nommés par la Curie ;
      - *Defensor civitatis*, protecteur élu des droits individuels contre les fonctionnaires impériaux.
    - cités déditices — placées sous l'autorité directe et absolue des fonctionnaires romains.
  - condition des personnes
    - hommes libres ou esclaves, ingénus ou affranchis, colons, — dispositions empruntées au droit romain (2).
    - *læti* — barbares concessionnaires de terres à charge de service militaire.
  - régime des biens
    - Prédominance de la succession légitime sur l'hérédité testamentaire ;
    - usage fréquent des baux à long terme — emphythéose — *agri* vectigales ;
    - terres létiques — sorte de bénéfices militaires donnés aux *læti* ;
    - *Patrocinia vicorum* — *recommandation* — mise d'une terre, moyennant redevance, sous le patronage d'un puissant — origine de la féodalité.
  - organisation judiciaire
    - au début, les *duumviri* remplissent le rôle des préteurs et rédigent les formules ;
    - depuis Justinien, les *judices pedanei* constituent un tribunal permanent chargé de statuer sur les contestations de moindre importance.
  - sources
    - code théodosien — recueil de constitutions impériales ;
    - loi des citations — déclarant qu'on ne devra plus avoir égard qu'aux écrits des jurisconsultes Papinien, Paul, Gaius, Ulpien et Modestin.

---

(1) Les membres de la Curie, responsables sur leurs biens du recouvrement de l'impôt, étaient dans une situation peu enviable ; aussi leur recrutement s'effectuait-il d'une manière obligatoire.

(2) Voir le *Droit romain en tableaux synoptiques*, 1re année.

Droit barbare (suite).

Droit gallo-franc

- commençant à l'invasion de la Gaule par les barbares (Clovis, 486); finissant à la dissolution de l'empire de Charlemagne (xe siècle).
- **droit public**
  - absence de fixité dans les tribus germaines;
  - subordination à un chef élu, puis héréditairement délégué;
  - naissance et développement des assemblées (*placita majora* ou *minora*).
- **condition des personnes**
  - la loi est personnelle et non territoriale;
  - les hommes sont libres, esclaves ou affranchis;
  - les hommes libres se divisent en
    - *optimates*, chefs ou *comites* du roi (comtes);
    - leudes, placés sous le patronage des chefs;
    - *arimanni*, indépendants, sauf au point de vue du service militaire;
    - colons et *læti* ou lites.
- **régime des biens**
  - alleux — Terres exemptes de tout service militaire et de toute redevance;
  - bénéfices — Terres concédées par les chefs francs à leurs compagnons, à charge de certains services;
  - tenures serviles — Transformation du colonat — censive, rente, champart, etc.;
  - successions déférées *ab intestat* aux mâles d'abord, puis aux filles : ces dernières étaient entièrement exclues du partage des terres saliques (loi salique) [1];
  - autorité du père de famille, mais avec l'idée prédominante de protection (mainbournie, *mundium*);
  - apport par le mari de deux donations : l'une faite avant le mariage, l'autre le lendemain des noces (*morgengab*) [2];
  - admission de la prescription de l'an et jour.
- **organisation judiciaire**
  - au criminel, la peine est une amende (Wergheld) proportionnée à la qualité de la victime; la preuve a lieu par les *ordalies* ou par le duel judiciaire;
  - au début, le chef est seul juge;
  - plus tard, on crée le *placitum* ou *mallum*, tribunal présidé par le comte et composé de *rachimbourgs*, sortes de jurés;
  - tribunal des *Sagibarons*, chargé des causes de moindre importance;
  - maintien des juridictions romaines pour l'usage des Romains, jugés selon leur loi.
- **sources du droit**
  - Loi salique — loi des Francs saliens, plusieurs fois modifiée;
  - *Lex romana Ostrogothorum* ou édit de Théodoric, appliqué en Italie seulement;
  - *Lex romana Burgundorum* ou *Papien* ou loi Gombette, extrait analogue au précédent, mais promptement remplacé par le suivant;
  - *Lex romana Wisigothorum* ou bréviaire d'Alaric, spécial aux Gallo-romains et comprenant des extraits du code théodosien, des Novelles, des Institutes de Gaius, des sentences de Paul, des codes Grégorien et Hermogénien et du Papien.

---

(1) Plusieurs définitions ont été données de la terre salique : d'après divers auteurs, ce serait l'alleu originaire provenant du premier partage effectué entre les conquérants.

(2) Les Germains reconnaissaient également le concubinat, comme les Romains; la femme n'y recevait qu'une seule donation, le *morgengab* (origine du mot mariage morganatique).

Droit barbare (suite).

Capitulaires

- actes législatifs des rois Carlovingiens ;
- rédigés par le roi et communiqués à des assemblées (*placita*) composées des grands dignitaires, ducs et comtes (*majores, seniores*) sans règle fixe ;
- s'appliquant à tous les sujets sans distinction de nationalité d'origine (1).
- concernant
  - l'administration
    - confiée aux comtes, vicomtes, centeniers et dizainiers ;
    - création des *scabini*, magistrats locaux et permanents remplaçant les *rachimbourgs* dans le *mallum* et devenant plus tard des officiers municipaux sous le nom d'échevins ;
    - création des *Missi dominici* chargés de surveiller les comtes dans l'administration et la reddition de la justice.
  - les questions ecclésiastiques
    - garantie des propriétés ecclésiastiques ;
    - garantie de l'autorité morale et spirituelle des évêques contre la violence des comtes ;
    - sanction civile de la dîme, créée par le concile de Mâcon (585) et dont le produit est partagé par Charlemagne (801) entre les dépenses du culte, les pauvres et le clergé.
  - les personnes et le droit civil
    - amélioration du sort des esclaves qui tendent à se transformer en serfs et gens de mainmorte (2) ;
    - réglementation du mariage (3), interdiction des secondes noces ;
    - garanties données aux enfants contre les exhérédations injustes.
- recueillis
  - pour Charlemagne, en 830, par le moine Anségise ;
  - pour ses successeurs, en 861, par Benoit Lévite, clerc de Mayence, et par Baluze.

Droit canonique

- Ensemble des règles édictées par l'Eglise et qui ont exercé en beaucoup de points une influence considérable sur le droit civil ;
- constitué par les décisions des conciles et les décrétales des papes ;
- procédant du droit romain comme origine ;
- réglant la subordination et la hiérarchie dans le clergé ;
- instituant des juridictions chargées de statuer sur les matières ecclésiastiques (sacrements, service divin et discipline ecclésiastique, et sur les procès entre clercs (4) ;
- organisant une procédure spéciale ;
- contenant une législation complète sur les matières ecclésiastiques et notamment sur le mariage ;
- principaux monuments
  - canons des conciles de Nicée, Constantinople, Ephèse et Chalcédoine ;
  - *Codex canonum ecclesiæ universæ ;*
  - *Corpus canonum* (496) par Denys le petit, comprenant les matières renfermées dans les précédents ;
  - fausses décrétales (IXe siècle) attribuées à S. Isidore et reconnues authentiques par le pape.

---

(1) A ce moment, la législation cesse donc d'être personnelle pour devenir territoriale.

(2) On nomme gens de mainmorte tous ceux qui jouissent pendant leur vie d'une certaine liberté et sont incapables de transmettre à leur mort leurs biens qui, à l'exception d'une part dévolue à leurs héritiers naturels, font retour au Seigneur. Cette classe présente de l'analogie avec celle des Latins-Juniens du droit romain.

(3) Le mari est dispensé du service militaire pendant la première année de son mariage (emprunt à la loi mosaïque).

(4) Cette compétence (*ratione personæ*) embrassait à l'origine même les simples tonsurés ; elle fut restreinte dans la suite aux seuls clercs. (Ordonnance de Villers-Cotterets.)

II. — Droit féodal.

Première période.

Le régime féodal consiste dans la superposition des fiefs qui, sous la forme d'une pyramide, aboutissent à la suzeraineté du roi de France, grand fieffeux du royaume.

Le fief (*feodum* ou *feudum*)

- est un héritage concédé par un *seigneur* à un *vassal*, à charge de foi, hommage et services nobles, avec rétention de la seigneurie directe,
- procède historiquement du *bénéfice* du droit gallo-franc, et se généralise par suite de la suppression des alleux par la recommandation.
- obligeait le vassal
  - par l'hommage-lige, à servir le seigneur et à le défendre en toutes choses — obligation personnelle à laquelle le vassal ne pouvait se soustraire;
  - par l'hommage simple, à défendre le seigneur à raison du fief, — le service militaire n'est pas dû au delà de 40 jours — obligation réelle qui cesse par l'abandon du fief;
  - s'il s'agissait d'une fille, à se marier sur l'ordre du seigneur;
  - à ne pas démembrer ni diminuer le fief sans le consentement du seigneur;
  - en cas de vente du fief, à payer au seigneur le *quint* et parfois le *requint* (1);
  - en cas de donation du fief, à payer une indemnité appelée *relief* et fixée *à merci* par le seigneur.
- tombait en *commise* (2) en cas de désaveu, de félonie ou de manquement de foi du vassal.
- était sous le contrôle des baillis royaux
  - institués par Philippe-Auguste;
  - surveillant les prévôts et baillis et commandant la force armée;
  - tenant chaque mois des assises pour juger les *cas royaux* (crimes contre la sûreté de l'Etat, et plus tard, crimes graves contre la propriété);
  - remplacés dans le midi par les sénéchaux.
- se transmettait
  - par *descendement* (en ligne directe) ou par *eschoïte* (en ligne collatérale);
  - dans l'origine aux mâles seuls; plus tard (croisades) aux filles à défaut de mâles;
  - conjointement, suivant certaines coutumes, aux héritiers du même degré, dont l'aîné, dit : *apparageur* ou *mirouer* de fief, faisait hommage au nom des autres.
- présomption reçue
  - dans le midi : nul seigneur sans titre;
  - au delà de la Loire et dans le nord : nulle terre sans seigneur (3).

---

(1) Le seigneur, n'étant jamais tenu d'accepter un vassal qui lui déplaisait, pouvait exercer contre le cessionnaire le *retrait féodal,* c'est-à-dire, reprendre le fief en payant le prix de l'acquisition.

(2) La *commise* entraînait la perte du fief qui retournait au Seigneur ou passait à l'héritier du vassal, suivant que le Seigneur avait été ou non atteint par le manquement de foi.

(3) Cette présomption, absolue à l'origine, peut, à l'époque de Dumoulin, être combattue par la preuve contraire.

Droit féodal (suite).

Le fief
- obligeait le seigneur à protéger son vassal, sous peine de perdre ses droits au profit du suzerain.
- donnait au seigneur le droit
  - de figurer comme juge ou de comparaître comme justiciable devant les cours féodales qui, suffisamment garnies de pairs (1), étaient chargées de juger les gentilshommes;
  - de rendre la justice aux hommes de *pœste* (roturiers, vilains et serfs) justiciables par la loi *vilaine* (2);
  - de percevoir
    - les droits de quint et de requint pour mutation de fiefs;
    - les lods et ventes, pour aliénation d'un bien compris dans sa seigneurie;
    - les droits de justice, perçus sous forme de fermages, payés par les baillis ou prévôts;
    - les corvées ou impôts en nature;
    - les aides, assistance pécuniaire due au seigneur pour le racheter de captivité, pour doter sa fille, etc.;
    - les tailles, impôt de répartition arbitrairement fixé par le seigneur;
    - les cens, rentes, champarts ou redevances payées au seigneur par le vilain, détenteur d'un privilège.
  - d'exercer les droits seigneuriaux tels que chasse, pêche, garennes, colombiers, varech (épaves rejetées par la mer), etc.
- en cas de minorité du vassal
  - donnait originairement au seigneur la garde du fief;
  - donna lieu dans la suite à la *garde noble*, sorte de tutelle exercée par les parents qui faisaient siens les fruits du fief.

Affranchissement des communes
- mouvement libéral commencé dans le XIIe siècle et dirigé contre les exactions et les abus du pouvoir féodal;
- facilité par le pouvoir royal qui profitait de l'affaiblissement des seigneurs;
- attribué à tort à Louis le Gros, qui s'est borné à affranchir quelques communes dont les chartes ont servi de modèle aux revendications futures;
- consistant dans la formation d'une communauté ou commune que, par persuasion ou par violence, on faisait jurer au seigneur, et dans laquelle il reconnaissait à la société nouvelle certaines franchises, en limitant son pouvoir, notamment au point de vue de l'impôt.

Monuments du droit féodal
- assises de Jérusalem — recueil de la législation imposée par Godefroy de Bouillon, roi de Jérusalem, aux Croisés devenus ses sujets;
- établissements de saint Louis — compilation législative promulguée par saint Louis ou résumant les coutumes reçues dans son royaume;
- conseil à un ami de P. Desfontaines, bailli de Vermandois, — œuvre de jurisconsulte résumant la législation sous saint Louis;
- *Liber feudorum*, composé en 1160 en Lombardie, mais accepté en France.

---

(1) Il semble résulter d'un passage de P. Desfontaines que les juges devaient être au moins au nombre de quatre.

(2) Cette justice divisée, suivant l'étendue des droits du Seigneur, en haute, moyenne et basse, était rendue à l'origine par le Seigneur; plus tard, ce soin fut confié à des clercs, puis à des baillis ou prévots. La sentence pouvait être réformée par la défaute de droit et par le combat judiciaire que S. Louis remplaça par une sorte d'appel.

Droit féodal (suite).

Deuxième période.

Modifications à partir du XIVe siècle

- Disparition progressive de l'esclavage (ordonnance de Louis X le Hutin, en 1315, permettant à tout serf de se racheter).
- Disparition de la féodalité militaire, mais maintien des fiefs de haubert (1).
- La maxime : « Nulle terre sans seigneur » n'est plus qu'une présomption susceptible d'être combattue par preuve contraire.
- Disparition de la *taille de haut en bas* ou *à merci;* maintien des loyaux aides pour rançon et mariage de fille aînée, équivalant au double des redevances.
- Restriction des corvées à douze jours par an et à trois jours par mois.
- Maintien des banalités (2).
- Disparition de la partie symbolique de l'hommage.
- Abolition du droit de consentir au mariage de la fille vassale ou de l'y contraindre.
- Le fief est dévolu par droit d'aînesse avec un arpent de terre ou *vol du chapon.* Il en est de même du franc-alleu noble.
- Obligation pour l'aîné d'assurer l'existence de ses frères puînés et de doter ses sœurs.
- La saisine n'a pas lieu pour les fiefs dont les détenteurs tiennent l'ensaisinement de leur seigneur.
- Création du ministère public (1302) d'abord pour défendre les intérêts du roi, plus tard, pour poursuivre les crimes et délits. Généralisation au XVIe siècle.

(1) Le titulaire d'un fief de haubert était tenu de revêtir le haubert et la cotte de mailles pour assister son seigneur qui était toujours directement le roi. Ce fief appartenait toujours à l'aîné.

(2) Ces banalités, odieuses en fait, n'en étaient pas moins justifiées historiquement par l'origine de la propriété vilaine qui, dans le droit gallo-franc, provenait de concessions faites à des serfs affranchis, avec réserves de certains droits, tels que chasse, pêche, etc.

Droit coutumier.

Première période.

Les personnes se divisent en

- gentilshommes — nobles par le père;
- hommes francs ou franchommes — ceux qui ont « pœste (pouvoir) de fere ce que lor plest. » — Ils sont tels par leur mère;
- serfs d'héritage — auxquels le seigneur ne peut demander que leur cens, rente ou redevance;
- serfs de corps — véritables esclaves, livrés à la merci du seigneur. Ils sont tels par naissance ou par une sorte d'usucapion d'un an et jour appelé droit d'aubaine (1).

Régime des biens

- mariage et famille
  - la femme reçoit de son mari un douaire coutumier variant, suivant les époques et les localités, du tiers à la moitié des propres du mari, acquis au lendemain du mariage, mais payable seulement en cas de survie de la femme au mari (2);
  - les biens sont en communauté (compagnie par mariage) mise en commun des choses mobilières et des fruits; — réserve des immeubles; *mainbournie* ou pouvoir d'administration du mari : *dominus vivit, socius moritur;*
  - le père possède la puissance paternelle et le bail ou garde de ses enfants *sous-âgés* (mineurs de 21 ans);
  - la tutelle, garde noble ou garde bourgeoise, donnait au tuteur, pour prix de ses soins, les profits du fief ou de l'héritage tenu en vilenage.
- terres
  - fiefs nobles — terres possédées par des gentilhommes.
  - vilenages, fiefs vilains ou fiefs roturiers
    - terres tenues par des hommes de pœste;
    - assujettis à cens, rente, champart, redevances en nature ou en argent (3).
- Division des biens en meubles et en immeubles.
- Les immeubles ou les universalités de meubles font l'objet de la saisine
  - de fait — possession matérielle de la chose donnant droit à protection;
  - de droit — résultant soit d'un jugement, soit d'un héritage, soit de la continuation de la saisine de fait continuée pendant l'an et jour (4).
- successions en vilenage
  - la représentation n'est admise que tardivement;
  - la réserve est des 4/5 des propres immobiliers;
  - l'héritier, succédant à la saisine du défunt, comme à tous ses droits, se trouvait lui-même saisi de droit; d'où la maxime : « le mort saisit le vif, son hoir le plus proche »;
  - le rapport n'était dû que si l'un des enfants n'avait pas été établi du vivant des parents.
- en cas de vente, il y avait lieu, pour les propres aliénés, à la *rescousse* des héritages ou retrait lignager qui pouvait être exercé par un parent au degré successible pendant l'an et jour à compter de la vente.

---

(1) Les serfs pouvaient être affranchis, mais seulement avec le consentement du seigneur supérieur. — Le mot « aubain » acquiert plus tard un sens différent; il signifie non plus les individus relevant d'une autre suzeraineté, mais les étrangers.

(2) La femme pouvait recevoir, au lieu du douaire coutumier, un douaire conventionnel, mais elle n'avait pas dans ce cas la saisine de droit.

(3) En cas de vente, le vendeur retenait fréquemment pour lui un *Surcens*. Parmi les redevances seigneuriales figurait la *Marquette* ou *droit de jambage* qui était rachetée en argent. — Le bail à cens était un contrat par lequel le seigneur abandonnait le domaine utile sur un fonds, moyennant redevance, en retenant la seigneurie directe (différence avec le fief : absence de foi et hommage).

(4) La saisine de droit attribuée par jugement et continuée pendant l'an et jour rendait la propriété incommutable.

Droit coutumier (suite).

Deuxième période.

- **Condition des personnes**
  - les serfs de corps disparaissent — ordonnance de Louis X (1315) donnant aux serfs le droit de se racheter (1).
  - les nobles deviennent tels
    - par naissance d'un père noble — noblesse de race;
    - dans certaines familles, d'une mère noble — noblesse utérine;
    - par décision royale;
    - par la nomination à certains offices — noblesse viagère, dite parfois noblesse de robe;
    - par l'achat d'un fief pourvu d'un titre nobiliaire — noblesse terrienne.
- **Régime des biens**
  - la garde des mineurs se transforme en tutelle; la protection du mineur est seule en cause; le gardien ou baillistre cesse de percevoir les fruits;
  - les biens demeurent divisés en biens nobles et en biens roturiers.
  - les successions sont partagées
    - en ligne directe, avec ou sans représentation — par droit d'aînesse et de masculinité pour les biens nobles;
    - en ligne collatérale, suivant la règle « *paterna paternis, materna maternis* », c'est-à-dire, en tenant compte de l'origine des biens.
- **La France se divise en**
  - pays de droit écrit
    - comprenant les pays du Midi, au delà de la Loire;
    - soumis au droit romain.
  - pays de droit coutumier
    - comprenant les provinces du Nord et du Centre, en deçà de la Loire;
    - n'acceptant le droit romain que comme raison écrite;
    - soumis aux coutumes locales, prouvées à l'origine à l'aide d'enquêtes *per turbas*.
- **Rédaction des coutumes**
  - ordonnée par Charles VII (ordonnance de Montils-lez-Tours, en 1453);
  - dont la publication fut commencée sous Louis XII, en 1500;
  - achevée de François Ier à Henri IV;
  - exécutée sur un travail préparatoire des magistrats locaux, par des commissaires qui, dans le doute, recouraient à des enquêtes;
  - soumise aux Etats ou assemblées de la province.
- **Sources du droit coutumier**
  - coutumes de Beauvoisis, par Beaumanoir, sous saint Louis;
  - somme rurale de Bouteiller, — XVe siècle;
  - grand coutumier de Normandie, sous saint Louis;
  - les *Olim* — recueil d'arrêts du Parlement, de 1254 à 1318;
  - le grand coutumier de France, rédigé sous Charles VI.

---

(1) Jusqu'en 1770, il y eut exception pour les noirs amenés des colonies en France par leurs maîtres.

États généraux et Parlements.

- **I. Etats généraux**
  - origine historique
    - suivant certains auteurs, les *placita* de l'époque carlovingienne;
    - transformation du mouvement communal qui, après avoir avorté, en tant qu'organisation, survit dans son esprit et donne naissance à une recherche des libertés et des garanties.
  - composition
    - la noblesse, représentée par des seigneurs désignés par le roi;
    - le clergé, représenté par des hauts dignitaires ecclésiastiques et des députés élus par les monastères et les abbayes; les uns et les autres choisis, non comme évêques ou religieux, mais comme seigneurs féodaux.
    - le tiers-état
      - provenant
        - dans le Midi, de l'ancienne curie des municipes;
        - dans le Nord, de l'affranchissement des communes.
      - représenté par des députés
        - élus à l'origine par le suffrage des *bourgeois* des communautés ou *bonnes villes* (1);
        - élus plus tard par la nation entière, grâce à une extension progressive des franchises et privilèges.
  - votation
    - par ordre, dans les Etats généraux de 1302 à 1614;
    - par tête, dans l'Assemblée nationale de 1789, où le Tiers-Etat comptait à lui seul autant de députés que les deux autres ordres réunis (*doublement du tiers*).
  - principales réunions
    - en 1302, sous Philippe le Bel, en vue des démêlés de ce roi avec le pape Boniface VIII, et pour établir des impôts nouveaux;
    - en 1356, sous Jean le Bon, de qui on obtient une ordonnance qui consacre plusieurs principes constitutionnels : vote de l'impôt, surveillance des finances de l'Etat, défense de changer le titre de la monnaie (2);
    - en 1484, à Tours, pendant la minorité de Charles VIII. — Revendication de l'omnipotence des Etats. — Inamovibilité des offices de judicature (3);
    - en 1614, premières discussions de préséance entre les trois ordres, première manifestation des querelles de 1789.
- **II. Parlement**
  - consistant à l'origine
    - dans le conseil du roi ou cours féodale, composée des grands vassaux (pairs compagnons de fiefs), jugeant les affaires importantes (4);
    - dans une assemblée de clercs appelée parlement et chargée des affaires secondaires — *chambre aux pletz* (5).
  - rendu sédentaire à Paris par Philippe le Bel (1302);
  - divisé en trois chambres par Philippe le Long (grand'chambre, chambre des enquêtes et chambre des requêtes);
  - devenu permanent sous Charles VI, par suite de l'augmentation des procès;
  - comprenant plus tard une quatrième chambre pour juger les affaires criminelles (la Tournelle);
  - dont les décisions étaient susceptibles de recours au *conseil des parties* (section du conseil du roi);
  - ayant le droit (ordon. de 1319) d'examiner les ordonnances du roi, qui ne pouvait en exiger l'enregistrement que par *lettres de jussion* ou par *lit de justice*;
  - étendu à la province par la création des Parlements provinciaux.

(1) On nommait ainsi les villes dont les citoyens étaient réunis par confédération jurée, soutenue d'une concession expresse et authentique du souverain.

(2) De 1302 à 1370, les états généraux furent souvent convoqués : leur œuvre la plus importante consiste dans la distinction des lois en *lois du roi*, modifiables au gré de ce dernier, et *lois du royaume*, formant un ensemble constitutionnel, placé au-dessus de la puissance royale.

(3) Les Etats rédigèrent au vote un cahier de doléances : ce document fut lu au roi, qui formulait des réponses suggérées par le chancelier.

(4) Les pairs de France étaient les seigneurs titulaires des grands fiefs égaux à celui d'Hugues Capet (duché de France) à l'avènement de ce roi. En outre, Louis VII créa six pairs ecclésiastiques qui portèrent à douze le nombre des pairs. Le parlement devait être garni de pairs pour statuer sur les questions concernant la pairie.

(5) Les offices de judicature ayant été vendus, les acquéreurs stipulaient l'irrévocabilité de leur nomination. C'est de cette clause qu'est sortie l'inamovibilité, consacrée pour la première fois sous Louis XI (ordonnance du 27 octobre 1467).

Enseignement du Droit.

Droit romain

- renaissance de l'étude du droit romain à Bologne, avec Irnerius, fondateur d'une école célèbre (1115);
- fondation de l'enseignement du droit romain à Montpellier, au XIIe siècle, par Placentin;
- glose d'Accurse sur la compilation de Justinien;
- interdiction de l'enseignement du droit romain à Paris (constitution d'Innocent IV en 1254);
- professorat d'Alciat, réfugié italien à Bourges, fondateur de l'école historique (1492-1550);
- travaux de Cujas, élève du précédent (1520-1590), auteur de dix volumes in-folio, parmi lesquels l'*Explication des textes de Papinien* et les *Observations*. — Méthode analytique, — enseignement des textes d'où sont déduits les principes;
- travaux de Doneau (1527-1591), — méthode dogmatique, — enseignement philosophique des principes avec justification par les textes.

Droit français

- le droit coutumier demeure dans le domaine exclusif de la pratique et n'est pas enseigné;
- Dumoulin (1500-1566), avocat au barreau de Paris, puis professeur à Dôle. — Adversaire déclaré des institutions féodales; fondateur du droit français; travaux considérables sur le droit féodal et coutumier, — méthode scolastique;
- d'Argentrée, sénéchal de Rennes (1519-1590), commente le droit féodal en vue de répondre aux attaques de Dumoulin;
- Loysel (1536-1617), élève de Cujas, auteur des *Maximes du droit coutumier;*
- Loyseau (1566-1627), savant jurisconsulte dont les ouvrages ont une forme soignée et une clarté d'exposition qui font défaut aux précédents;
- les principales écoles de droit (universités de lois) furent celles de Montpellier, Aix, Bourges, Caen, Rennes et surtout Poitiers : Paris n'eut une école de droit qu'en 1679.

Droit monarchique.

Droit public

- la royauté, élective sous les Mérovingiens et les Carlovingiens devient héréditaire, depuis Hugues Capet, grâce à la formalité religieuse du sacre;
- la couronne est transmissible de mâle en mâle, avec représentation à l'infini, même en ligne collatérale (1);
- la distinction entre les lois du royaume et les lois du roi assure la survivance de certaines règles quasi-constitutionnelles.
- actes du roi
  - ordonnances — actes législatifs sur l'ensemble d'une matière;
  - édits — actes portant établissement ou défenses;
  - déclarations — actes portant explication ou modification partielle d'une ordonnance;
  - lettres patentes — dispositions ouvertes concernant des communes ou des particuliers;
  - lettres de cachet — ordres adressés clos au fonctionnaire chargé de l'exécution (2).
- la liberté et les droits individuels ne sont garantis par aucun texte formel;
- les individus, après la disparition des groupements communaux, tendent à se constituer en associations qui s'appellent universités, métiers, corporations, et qui obtiennent de la royauté, pour leurs membres, des franchises protectrices.

Droit privé

- le servage a presque entièrement disparu;
- les personnes libres se divisent en nobles et roturiers.
- régi par des ordonnances
  - portant la date du mois et du millésime, et connues sous le nom du pays où elles ont été rendues;
  - ayant trait, à l'origine et jusqu'à la fin du XVIe siècle, à un ensemble de matières sans connexité entre elles;
  - spécialisées, dans la suite, à un ordre d'idées qu'elles codifient.

---

(1) C'est à la mort de Philippe le Bel que le parlement proclama le principe de l'exclusion des femmes, en se fondant sur le texte de la loi salique relatif à la transmission des alleux.

(2) Elles servirent à obliger les parlements à l'enregistrement des ordonnances royales ou à procurer l'arrestation de certaines personnes. Cette dernière application, demeurée seule en usage, fut l'objet de remontrances dans les cahiers de 1789, et fut abrogée par l'Assemblée nationale.

Droit monarchique (suite).

Principales ordonnances du XVIe siècle	Ordonnance de Villers-Cotterets août 1539	rendue sous François Ier — œuvre du chancelier Poyet. délimitation des juridictions ecclésiastiques et séculières ; rédaction des sentences judiciaires jusque-là confiées à la mémoire des juges (1) ; usage obligatoire de la langue française dans les jugements et procédures ; création de la procédure criminelle — secret de l'instruction — privation de défenseur ; insinuation des donations ; rédaction des actes de naissance.
	Edit de 1556	rendu sous Henri II ; exigeant le consentement des parents au mariage de leurs enfants.
	Edit de juillet 1560	rendu sous François II ; connu sous le nom d'Edit des secondes noces ; restreignant la quotité disponible en faveur du second époux.
	Ordonnance d'Orléans 1561	rendue sous Charles IX — œuvre du chancelier de l'Hospital ; apaisement des querelles religieuses ; réformation de la justice ; première réglementation de la presse — interdiction d'imprimer aucun almanach sans l'autorisation de l'évêque.
	Ordonnance de Moulins février 1566	rendue sous Charles IX — œuvre du chancelier de l'Hospital ; restriction partielle du privilège de *committimus* ou droit accordé à certaines personnes de n'être jugées que par le parlement (2) ; suppression des derniers juges communaux ; répression de la diffamation et établissement de la censure ; création de l'hypothèque judiciaire ; interdiction de la preuve testimoniale au delà de 100 livres.
	Ordonnance de Blois mai 1579	rendue sous Henri III. publicité du mariage et publication des bans ; rédaction des actes de mariage et de décès ; tarification des épices ; organisation du ministère public.
	Edit de Nantes avril 1598	rendu sous Henri IV ; fixation de l'état des protestants ; création de la Chambre de l'édit composée de juges protestants et de juges catholiques ; libre exercice du culte protestant.

(1) Auparavant, en cas de contestation, on recourait à une procédure appelée *record de cour*.

(2) Une trace éloignée de ce privilège existe dans l'art. 479 du code d'instruction criminelle et dans l'art. 10 de la loi du 20 avril 1810, qui rendent certains hauts fonctionnaires exclusivement justiciables de la cour d'appel.

Droit monarchique (suite).

Principales ordonnances du XVIIe siècle

- Edit de 1601 — transformation des rentes au denier douze (8 1/3 p. 0/0) en rentes au denier seize (6 2/3 p. 0/0).
- Edit de 1609 — création de la subrogation légale en faveur du tiers qui prête l'argent nécessaire au remboursement du crédit-rentier au denier douze (suite de l'édit précédent). — Origine de l'art. 1250, § 2 du Code civil.
- Ordonnance de 1629 (code Michaud)
  - rédigée par Michel de Marillac, sous Louis XIII, pour répondre aux doléances des Etats-généraux de 1614;
  - législation libérale — suppression des banalités;
  - interdiction aux seigneurs de lever des troupes;
  - réglementation de l'avancement des gens de guerre;
  - rejet des actes et jugements rendus à l'étranger (1).
- Ordonnance de 1667 (code Louis)
  - rendue sous Louis XIV (2);
  - réglementant la procédure civile;
  - source directe de notre code de procédure;
  - maintien de l'interdiction de la preuve testimoniale au-dessus de 100 livres, mais exception en cas de commencement de preuve par écrit;
  - forme des actes de l'état-civil.
- Ordonnance de 1669
  - suite de la précédente;
  - compétence des juridictions extraordinaires (évocations, règlements de juges, *committimus*).
- Ordonnance de 1670
  - sur la procédure criminelle;
  - spécification des cas royaux ou réservés aux justices royales;
  - délibération et compétence;
  - secret de l'instruction;
  - emploi de la torture.
- Edit de 1673
  - établissant la publicité des hypothèques;
  - portant création des greffes d'enregistrement pour leur inscription;
  - rapporté en 1674, par suite des résistances de la noblesse.
- Ordonnance de 1673 (code Savary)
  - sur le commerce — œuvre de Savary;
  - source de notre code de commerce;
  - conditions de l'apprentissage et de la maîtrise;
  - législation insuffisante en ce qui touche les faillites.
- Ordonnance de 1681
  - sur la marine —
  - refonte de la législation antérieure (rôles d'Oléron, consulat de la mer, guidon de la mer), recueils de coutumes;
  - dispositions concernant les consulats.
- Ordonnance de 1685 (code noir)
  - concernant la police des îles de l'Amérique;
  - instituant contre les esclaves fugitifs ou délinquants une répression cruelle;
  - laissant aux maîtres un pouvoir de punitions corporelles sous la seule réserve de ne pas faire mourir l'esclave.
- Edit de 1697 — sur le consentement des père et mère au mariage de leurs enfants.

(*Voir page suivante.*)

(1) Cette ordonnance, que les parlements refusèrent d'enregistrer ou n'enregistrèrent qu'avec réserve, tomba rapidement en désuétude. Ce fut la dernière ordonnance générale, afférente à toutes sortes de matières.

(2) Cette ordonnance et les trois suivantes furent rédigées par une commission composée de conseillers d'Etat présidés par Pussort, oncle de Colbert, et assistés de Lamoignon et de divers membres du parlement.

Droit monarchique (suite).

- **Actes religieux du XVIIe siècle**
  - **Déclaration de 1682**
    - sur la liberté de l'église gallicane;
    - rédigée par l'assemblée du clergé de France à l'occasion de la querelle de la *régale* (1), entre Innocent XI et Louis XIV;
    - désavouée individuellement, après entente collective, par tous les évêques, y compris Bossuet.
  - **Edit de 1685**
    - révocation de l'édit de Nantes;
    - interdiction du culte protestant;
    - proscription des ministres de ce culte;
    - défense aux religionnaires d'émigrer (2).
- **Principales ordonnances du XVIIIe siècle**
  - **Edit de 1729** — relatif à la succession des mères aux biens de leurs enfants.
  - **Ordonnance de 1731**
    - sur les donations;
    - suppression des donations à cause de mort, sauf par contrat de mariage (institution contractuelle);
    - obligation de la forme notariée;
    - nécessité d'une acceptation expresse et de l'insinuation, sauf par contrat de mariage;
    - révocation de plein droit pour survenance d'enfant.
  - **Ordonnance de 1735**
    - sur les testaments;
    - réglant la forme des testaments et la qualité des témoins;
    - maintenant la distinction entre les pays de droit écrit autorisant l'institution d'héritier, et les pays de droit coutumiers n'admettant que des légataires.
  - **Ordonnance de 1747**
    - sur les substitutions;
    - autorisation générale à toute personne de substituer fidéicommissairement pour une universalité;
    - limitation à deux substitués (3).
  - **Ordonnance de 1749**
    - sur la mainmorte;
    - nécessité de l'autorisation royale pour la création d'un établissement de mainmorte ou pour toute acquisition à cause de mort.
  - **Edit de 1771**
    - création des offices de conservateurs des hypothèques;
    - organisation de la purge et des lettres de ratification;
    - suppression des décrets volontaires (4).
  - **Edit de 1776** — supprimant les corvées dans le domaine du roi.
  - **Edit de 1776** — supprimant les maîtrises et jurandes (Turgot).
  - **Ordonnance de 1779** — abolissant le servage.
  - **Ordonnance de 1780** — abolition de la torture préparatoire dans l'instruction criminelle.
  - **Edit de 1787** - restituant aux protestants le libre exercice de leur culte, mais maintenant leur inadmissibilité aux fonctions publiques.

---

(1) On nommait ainsi le droit qu'avait le roi de percevoir les revenus d'un évêché vacant et de nommer aux bénéfices relevant de la circonscription diocésaine vacante.

(2) Cette disposition, inappliquée en fait, motiva le 9 décembre 1790 une loi restituant la qualité de Français aux descendants des protestants expatriés.

(3) Un édit de 1711, non abrogé par l'ordonnance de 1747, permettait aux ducs et pairs de substituer à perpétuité le chef-lieu de leur duché-pairie, avec 15,000 livres de revenu. C'étaient là de véritables majorats.

(4) On nommait ainsi la vente volontaire et fictive opérée par les parties qui simulaient une vente judiciaire afin d'éteindre les hypothèques au profit du nouvel acquéreur.

Droit intermédiaire.

- **Droit constitutionnel**
  - **Constitution de 1791**
    - assemblée unique, permanente et souveraine;
    - droit de veto suspensif au roi;
    - droit de paix et de guerre au roi;
    - distinction du domaine de l'Etat et du domaine privé du roi;
    - séparation des pouvoirs législatif, exécutif ou judiciaire.
  - **Constitution du 24 juin 1793 ou de l'an II**
    - assemblée unique ayant l'initiative des lois;
    - sanction législative appartenant au peuple qui, sur la réclamation du dixième des assemblées primaires, était saisi du vote de la loi elle-même;
    - la Convention ne fait que des décrets;
    - les fonctions administratives sont à l'élection.
  - **Constitution de l'an III**
    - pouvoir législatif
      - conseil des Cinq-Cents
        - ayant l'initiative;
        - élus par un système de suffrage à deux degrés.
      - conseil des Anciens
        - composé de 240 membres âgés de plus de 40 ans;
        - élu comme le précédent;
        - appelé à sanctionner ou à rejeter, mais non à amender les lois votées par le conseil des Cinq-Cents.
    - pouvoir exécutif
      - délégué à un *Directoire* composé de cinq membres.
      - les Directeurs
        - sont nommés par les deux conseils;
        - promulguent et font exécuter les lois;
        - sont renouvelés chaque année.
    - pouvoir judiciaire
      - tribunaux de départements composés de juges élus pour cinq ans;
      - appel porté devant les tribunaux voisins de même ordre;
      - haute cour de justice, jugeant, sur l'ordre du conseil des Cinq-Cents, les membres du Directoire et ceux du Corps législatif.

Droit intermédiaire (suite).

Politique et administration. Assemblée constituante

- 3 mars 1789 — mise des parlements en vacances indéfinies.
- 4 août 1789 — abandon des privilèges de la noblesse et du clergé.
- 12 août 1789 — déclaration des droits de l'homme.
- 22 déc. 1789
  - division de la France en
    - départements
      - conseil de département;
      - directoire de département.
    - districts
      - conseil de district;
      - directoire de district.
  - création des assemblées primaires, composées des citoyens actifs (électeurs).
- 24 août 1790
  - abolition des épices et de la vénalité des offices;
  - reconstitution de l'organisation judiciaire;
  - séparation des pouvoirs administratif et judiciaire;
  - élection des juges pour six ans;
  - ministère public confié à des commissaires du roi nommés par lui;
  - création des justices de paix et du préliminaire de conciliation;
  - création du tribunal de cassation.
- 15 mars 1790 — division des droits féodaux en
  - droits abolis : mainmorte, tailles, corvées et droits seigneuriaux ne reposant pas sur un contrat;
  - droits rachetables : redevances imposées comme prix d'une concession primitive des fonds (cens, rentes, champarts, etc.).
- 28 septembre 1791 — code rural, réglant la police des champs.

Matières religieuses.

- Constituante
  - 4 octobre 1789 — abrogation des vœux de religion.
  - 14 mai 1790 — vente de 400 millions de biens nationaux, et émission des assignats.
  - 24 août 1790 — constitution civile du clergé — évêques élus, prêtres assermentés.
- Convention
  - 24 avril 1793 — transportation des prêtres et des religieux à la Guyane.
  - 18 floréal an II — organisation du culte de l'Etre suprême.

Droit intermédiaire (suite).

Droit civil

- **Constituante**
  - 5 juillet 1790 — vœu pour la préparation d'un Code unique.
  - 18 août 1790 — abolition des droits d'aubaine et de détraction (1).
  - 9 décembre 1790 — réintégration dans la qualité de Français des descendants des religionnaires expatriés par suite de la révocation de l'édit de Nantes.
  - 2 mars 1791 — abolition des maîtrises et jurandes.
  - 15 avril 1791 — égalité du partage successoral *ab intestat*; abrogation des droits d'aînesse et de masculinité.
- **Législative**
  - 14 septembre 1792 — interdiction des substitutions fidéicommissaires.
  - 20 septembre 1792 — institution du divorce à la volonté d'une seule partie.
  - 20 septembre 1792 — tenue des registres de l'état civil.
- **Convention 21 nivôse an II**
  - abolition du droit de tester;
  - suppression de la recherche de l'origine des biens dans les successions;
  - annulation des donations entre-vifs faites depuis le 14 juillet 1789;
  - partage rétroactif et itératif des successions antérieurement ouvertes.
- **Directoire**
  - 3 vendémiaire an IV — abrogeant la précédente.
  - 24 ventôse an V — rétablissement de la contrainte par corps, abolie le 9 mars 1793.
  - 1er complémentaire an V — restriction du divorce à des causes déterminées.
  - 11 brumaire an VII — loi sur le régime hypothécaire, l'inscription et la transcription.
  - 22 frimaire an VII — sur l'enregistrement.

---

(1) Dans le droit féodal, toute succession dévolue à un *aubain* (étranger) appartenait au seigneur. Plus tard, le profit en fut attribué à la couronne. Enfin, en vertu de traités réciproques passés avec certains pays, l'aubaine fut remplacée par la détraction, qui consistait dans une confiscation du dixième.

Droit nouveau.

Politique. Constitution de l'an VIII
- trois consuls, dont le premier est le véritable chef du Pouvoir exécutif ;
- un Sénat conservateur comptant 80 membres;
- un Corps législatif votant les lois sans discussion et composé de 300 membres nommés par le Sénat sur des listes d'éligibles formées par un suffrage à trois degrés;
- un tribunat de 100 membres, nommés comme les précédents, examinant les lois, déléguant trois orateurs pour les discuter devant le Corps législatif;
- un Conseil d'Etat chargé de rédiger les lois et règlements d'administration publique et de juger les contestations administratives.

Administration
- 28 pluviôse an VIII organisation territoriale
  - département
    - préfet, agent exécutif;
    - conseil général, assemblée délibérante;
    - conseil de préfecture, rouage contentieux.
  - arrondissement
    - sous-préfet, agent exécutif;
    - conseil d'arrondissement, assemblée délibérante.
  - commune
    - maire, agent exécutif;
    - conseil municipal, assemblée délibérante.
- 25 ventôse an XI — sur le notariat.
- 7 mars 1808 — instituant l'université.

Matières religieuses
- Concordat de l'an IX — réglant les rapports de l'Eglise et de l'Etat.
- Loi organique du 18 germinal an X — réglant l'exécution du concordat.

Droit civil
- 30 ventôse an XII, 21 mars 1804 — Code civil.
- avril 1806 — Code de procédure civile.
- septembre 1807 — Code de commerce.
- décembre 1808 — Code d'instruction criminelle.
- février 1810 — Code pénal.

Bar-le-Duc. — Typographie L. PHILIPONA et Cie — 771

www.ingramcontent.com/pod-product-compliance
Lightning Source LLC
LaVergne TN
LVHW020454230826
846091LV00008BA/3200